# Anja´s liebste Weihnachtsrezepte

Ein Auszug aus meiner Rezeptsammlung

von Anja Glaß

Impressum


Bibliografische Information der Deutschen Nationalbibliothek:
Die Deutsche Nationalbibliothek verzeichnet diese Publikation
in  der Deutschen Nationalbibliografie, detaillierte bibliografische
Daten sind im Internet über dnb.dnb.de abrufbar.


Auszug aus „Anja´s Lieblingsrezepte"   ISBN: 978-3-7519-0565-7

©2021 Anja Glaß
Instagram:  anja.glass75
Homepage: www.Anja-Glass.de
Herstellung und Verlag: BoD – Books on Demand, Norderstedt
Cover: Anja Glaß

ISBN: 978-3-7543-9568-4

# Weihnachtsplätzchen, Stolle und Co.

„Von draus´vom  Walde komm ich her - ich muss euch sagen,
es weihnachtet sehr!"
Ich liebe den Duft von frisch gebackenen Weihnachtsplätzchen
oder Stolle!
Erst da kommen für mich die Weihnachtsgefühle hervor,
wenn in der hektischen Zeit ein wenig
Ruhe und Besinnlichkeit beim Teig kneten einkehrt
und der Duft von frischem Gebäck
in die Nasen der Lieben zieht...

# Florentiner

Zutaten:

50 g Butter
125 ml Schlagsahne
je 50 g Orangeat und Zitronat
100 g Mandelblättchen
125 g Zucker

1/2 TL Zimt
65 g Mehl
100g Kuvertüre (je nach Geschmack)
1 Päckchen Vanillezucker

Zubereitung:

Butter und Sahne aufkochen. Feingehacktes Orangeat und Zitronat sowie Zucker, Vanillezucker, Zimt, Mandeln und Mehl dazugeben und unter ständigem Rühren einkochen lassen.
Von der Masse flache Häufchen (ca.4 cm Durchmesser) auf ein mit Backpapier belegtes Backblech geben und im vorgeheizten Backofen bei 180°C 10-15 min backen.
Auskühlen lassen und anschließend die Unterseite in die geschmolzene Kuvertüre tauchen. Abtropfen und fest werden lassen.

Hinweis:

Die Kuvertüre kann je nach gewünschtem Geschmack gewählt werden - Vollmilch, Zartbitter oder Weiß...

# Schanzer Ausstecherle

Zutaten:

250 g Butter
250 g Biskin
250 g Zucker
750 g Mehl
2 Eier

Zubereitung:

Butter, Zucker, Biskin und Eier in einer Rührschüssel schaumig schlagen.
Das Mehl nach und nach unterarbeiten. Den gut durchgekneteten Teig
mindestens 1 Stunde kalt stellen.

Auf einer leicht bemehlten Arbeitsfläche den Teig dünn ausrollen und
Plätzchen ausstechen.
Auf ein gefettetes Backblech legen und für 15 min bei 175 °C nicht zu hell
backen.

Hinweis:

Alternativ kann auch Backpapier verwendet werden.

Die Plätzchen kann man gut mit Kuvertüre oder Zuckerguss überziehen und
nach Herzenslust dekorieren.
Mit Lemoncurd oder Marmelade bestrichen und einem anderen Plätzchen
zusammengesetzt ergibt sich eine völlig neue und leckere Variante.

# Bethmännchen

Zutaten:

100 g ganze, nicht abgezogene Mandeln
250 g Marzipanrohmasse
60 g Puderzucker
1 Eiweiß
50 g Mehl
50 g gemahlene Mandeln
1 Päckchen Zitronenschale
einige Tropfen Bittermandelöl
50 g Belegkirschen

Zubereitung:
Mandeln kurz in kochendes Wasser geben, in ein Sieb gießen und abtropfen lassen.
Anschließend die Mandeln auf ein sauberes Geschirrtuch geben und etwas durchrubbeln.
Dann die Mandelkerne aus der Haut drücken und leicht trocknen lassen.
Nun die Mandeln längs halbieren und beiseite stellen.

Marzipan, Puderzucker, Eiweiß, Mehl, Mandeln, Zitronenschale und Backöl verkneten. Die Kirschen halbieren.

Aus dem Teig mit angefeuchteten Händen kirschgroße Kugeln formen, die mit je einer halben Kirsche gefüllt sind.

Auf ein mit Backpapier belegtes Backblech legen und  je drei Mandelhälften an eine Kugel drücken.

Im vorgeheizten Backofen bei 150 °C auf mittlerer Schiene für ca. 20 min backen.

Hinweis:
Aus je 2 EL Kirschflüssigkeit, Wasser, Kirschwasser und 1 EL Rosenwasser für zwei Minuten einen Sud kochen, mit dem die fertigen Bethmännchen gleichmäßig bepinselt werden.

# Pfaffenhütchen

**Zutaten für den Teig:**

250 g Mehl
100 g weiches Butterschmalz
75 g Zucker
1 Eigelb
1 Messerspitze Backpulver
1 P. Vanillezucker
2 - 3 EL Orangenlikör oder Rum

**Zutaten für die Füllung:**

200 g Marzipanrohmasse
1 EL Orangenlikör oder Rum
1 Ei
1 EL Schlagsahne
25 - 40 Walnuss – od. Mandelhälften
Puderzucker zum bestäuben

**Zubereitung:**

Alle Teigzutaten mit den Knethaken des Handrührgerätes zu einem glatten
Teig verarbeiten. Zu einer Kugel geformt mind. 30 min kalt stellen.

Den Teig zwischen zwei Lagen bemehlter Folie 3mm dick ausrollen.
Mit einem Plätzchenausstecher ca. 5 cm große Kreise ausstechen.
Marzipanrohmasse und Likör bzw. Rum verkneten. Das Ei trennen.
Plätzchen mit Eiweiß bepinseln und in die Mitte je ein haselnussgroßes
Mazipanhäufchen setzen.
Den Rand der Teigkreise von drei Seiten her hochklappen und dabei über
der Füllung gut zusammendrücken, so dass ein spitzes Hütchen entsteht.

Das Eigelb mit der Sahne leicht verquirlen und die Teighütchen damit
bestreichen.
Nun die Walnuss- bzw. Mandelhälften vorsichtig auflegen und andrücken.
Auf einem mit Backpapier ausgelegten Backblech bei 200°C auf der mittleren
Schiene  10 - 15 Minuten backen.
Auskühlen lassen und mit Puderzucker bestäuben.

# Engelsaugen

Zutaten:

150 g Butter
 70 g Zucker
 2 Eigelbe
250g Mehl
1 P. Vanillezucker
1 Prise Salz
abgeriebene Schale von einer Zitrone
etwas Marmelade

Zubereitung:

Alle Zutaten gut verkneten.
Den Teig 30 min im Kühlschrank zugedeckt ruhen lassen.

Dann kleine Kugeln aus dem Teig formen und auf ein mit  Backpapier belegtes Blech setzen.
 Mit dem Finger ein Loch in die Mitte drücken und  dieses mit etwas Marmelade füllen.

Bei 200°C für 15 min backen.

Anschließend abkühlen lassen.

# Elisenlebkuchen

Zutaten für den Teig:
2 Eier + 1 Eiweiß
250 g Farinzucker
400 g gemahlene Mandeln
je 50 g feingehacktes Orangeat+Zitronat
1 EL Zimt
je 1 TL Kardamom, Mazisblüten, Nelken, Ingwer
(oder einfach 1 Tüte Lebkuchengewürz)
abgeriebene Schale einer Zitrone
15 Oblaten (8 cm Durchmesser)

Glasur:
100 g Puderzucker
1 EL heißes Wasser
1 EL Rum oder Zitronensaft

zum Garnieren:
45 Mandeln abgezogen und halbiert

Zubereitung:

Eier, Eiweiß und Farinzucker mindestens 15 min miteinander verrühren, bis sich der Zucker aufgelöst hat und eine gute Bindung entstanden ist.
In diese Mischung gibt man alle Gewürze und rührt sie gründlich unter.
Zuletzt gibt man die Mandeln dazu.

Die Masse muss so fest sein, dass ein Löffel aufrecht darin stecken bleibt.
Pro Oblate einen gehäuften Esslöffel von der Masse in die Mitte setzen und dann mit einem breiten Messer in Form drücken. Anschließend den Lebkuchen vom Rand her nach oben streichen und dabei glätten.
Der Lebkuchen soll etwa 1 1/2 cm hoch sein, die Oblate noch einen freien Rand haben.
Die Lebkuchen auf ein ungefettetes Backblech setzen und mit je 5 halben (oder einer halben bei kleineren Oblaten) Mandeln verzieren.

In einem trockenen, nicht zu kühlen Raum über Nacht trocknen lassen. (mind. 12 -15 Stunden)

Am nächsten Tag im vorgeheizten Backofen auf der mittleren Schiene bei 175°C etwa 25 - 30 min backen.
Aus dem Puderzucker, heißem Wasser und Rum bzw. Zitronensaft eine Glasur bereiten und die abgekühlten Lebkuchen damit überziehen.

Hinweis:
Alternativ können die Elisenlebkuchen auch mit Kuvertüre überzogen werden.

# Schneeflöckchen

Zutaten:

125 g weiche Butter
50 g Puderzucker + etwas zum bestreuen
60 g Mehl
100 g Speisestärke (Kartoffelmehl)
Mark einer Vanilleschote

Zubereitung:

Zuerst die Butter schaumig rühren. Puderzucker, Mehl, Speisestärke und Vanillemark untermixen. Den Teig für ca. 30 min kalt stellen.

Aus dem gekühlten Teig Kirschgroße Kugeln formen und auf ein mit Backpapier ausgelegtes Blech legen. Mit einer leicht bemehlten Gabel die Kugeln leicht flachdrücken.

Im vorgeheizten Backofen auf der Mittleren Schiene bei 175°C für ca. 10- 12 min backen.

Dabei stets im Auge behalten damit sie nicht zu dunkel werden.
Die fertig gebackenen Schneeflöckchen auskühlen lassen und mit Puderzucker bestreuen.

# Biscotti

Zutaten:

| | |
|---|---|
| 300 g gemahlene Mandeln | 80 g Puderzucker |
| 180 g Puderzucker | 25 Mandeln (abgezogen) |
| 2 Eiweiß | |
| 4-6 Tropfen Bittermandelöl | |

Zubereitung:

Die Zutaten für den Teig mit einem Knethaken zu einer festen Masse verarbeiten und ca. 30 Minuten kalt stellen.

Daraus ca. 3 cm große Kugeln formen, die dann in Puderzucker gewälzt und auf ein mit Backpapier ausgelegtes Bleck gesetzt werden.

In die Mitte jeder Kugel eine Mandel drücken und auf der mittleren Schiene bei 150 °C Umluft für 12 min backen.

Nach dem Auskühlen in einer luftdicht verschlossenen Box aufbewahren, damit sie nicht austrocknen.

Hinweis:
Man kann die gemahlenen Mandeln durch fein gemahlene Pistazien ersetzen und je eine Pistazie in die Mitte der Kugel drücken – so bekommt man total leckere Pistazienbiscotti.

# Spekulatius

Zutaten:

500 g Mehl
1 EL Backpulver
300 g Zucker
200 g Butter
1 Ei
2 EL Milch
1 P. Spekulatiusgewürz

Zubereitung:

Alle Zutaten zu einem geschmeidigen Teig verkneten und über Nacht zugedeckt ruhen lassen.

Den Teig ausrollen und in Spekulatiusmodel drücken oder mit der Spekulatius-Rolle drübergehen.
Wer dies nicht hat, kann auch Ausstecher nutzen.

Die Figuren auf ein bemehltes Backblech legen, mit etwas Milch bepinseln und bei 200°C (Umluft 180°C) für ca. 10 min backen.

Hinweis:

Man kann vor dem Backen gehobelte Mandeln unter die Kekse legen, dann backen sie mit ein und man hat Mandelspekulatius.

# Vanillekipferl

Zutaten:

250 g Mehl
150 g Butter
150 g gemahlene Mandeln (blanchiert)
80 g Puderzucker
1 Prise Salz
2 Eigelbe
1 Vanilleschote

Zubereitung:

Das Mehl in eine Rührschüssel geben, Puderzucker, Mandeln, Salz und das Mark der Vanilleschote hinzufügen und mit einem Teigschaber gut durchmischen.
Nun die weiche Butter in Flöckchen darauf verteilen und die zwei Eigelbe dazugeben.
Mit den Knethaken zu einem geschmeidigen Teig verarbeiten.
1 Stunde kühl stellen.

Auf einer leicht bemehlten Arbeitsfläche aus dem Teig ca. 5 cm dicke Rollen formen Und mit dem Teigschaber 1/2 cm dicke Scheiben abstechen und daraus Kipfel formen.

Auf ein mit Backpapier ausgelegtes Blech Legen und für ca. 10 min bei 200°C nicht zu dunkel backen.

Hinweis:

Die warmen Kipfel mit einer Mischung aus Puderzucker und Vanillezucker bestreuen.

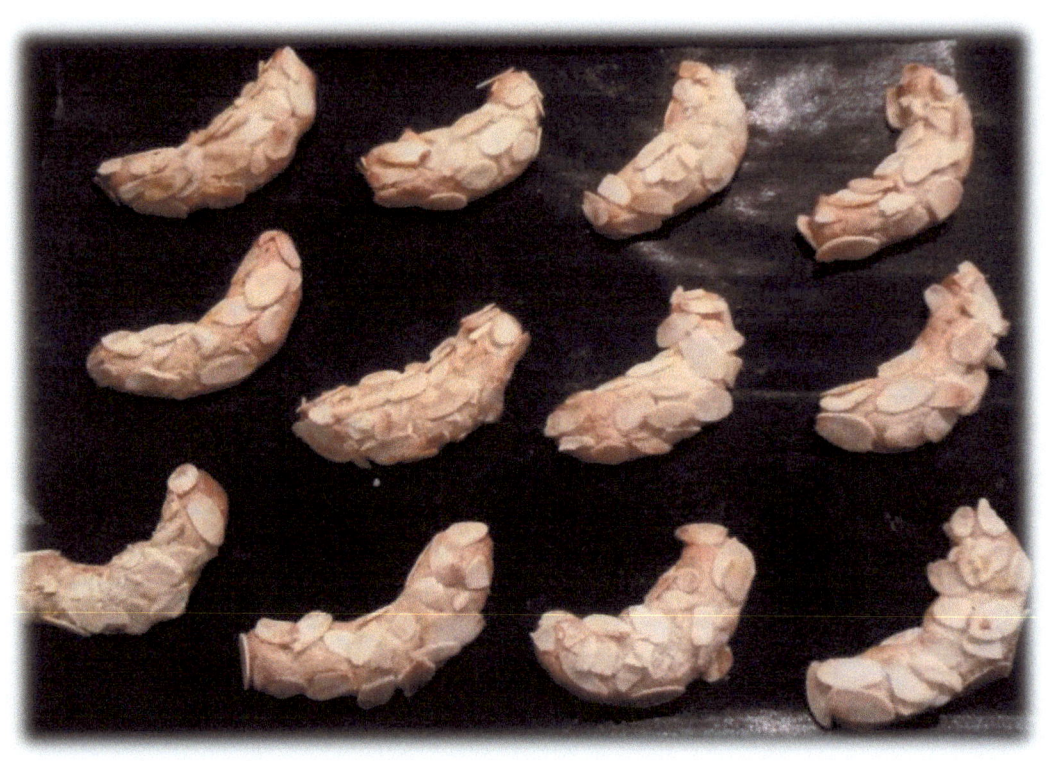

# Marzipankipferl

Zutaten:

500 g Mazipanrohmasse
250 g Zucker
2 Eiweiß
abgeriebene Schale einer Zitrone
1/2 Fläschchen Backöl Bittermandel
150 g Mandelblättchen
100 g Vollmilchkuvertüre

Zubereitung:

Marzipan, Zucker, Eiweiß, Zitronenschale und Bittermandelöl mit den Knethaken eines Handrührgerätes zu einem glatten Teig verrühren.

Mit angefeuchteten Händen kleine Röllchen formen, in Mandelblättchen wälzen und zu Hörnchen (Kipferl) formen.

Auf ein mit Backpapier belegtes Blech legen und im vorgeheizten Backofen bei 175°C auf der mittleren Schiene 12 - 15 min backen.

Abkühlen lassen und anschließend in die, im Wasserbad geschmolzene, Kuvertüre  tauchen. Entweder nur mit den Ecken eintauchen oder nur die Unterseite - wie jeder  mag...

Hinweis:
Schmecken aber auch ohne Kuvertüre gut.

# Kokosmakronen

Zutaten:

2 Eier
125 g Zucker
50 g Butter
300 g Kokosraspel
150 g Vollmilchkuvertüre

Zubereitung:

Die Eier schaumig schlagen, den Zucker dabei einrieseln lassen und weiterschlagen bis eine cremige Masse entstanden ist.

Die Butter schmelzen und abkühlen lassen. Nun Fett und Kokosraspel sorgfältig unter die Eimasse rühren.

Mit zwei Teelöffeln kleine Teighäufchen auf ein mit Backpapier belegtes Blech setzen und im vorgeheizten Backofen bei 180°C auf der mittleren Schiene 12 min backen.

Auskühlen lassen und die Unterseite der Makronen in die geschmolzene Kuvertüre tauchen.

Abtropfen und trocknen lassen.

# Schneehütchen

**Zutaten Teig:**

150 g Mehl
100 g Butter
1 Eigelb
50 g Zucker
1 P. Vanillezucker
1 Prise Salz

**Zutaten Baisermasse:**

2 Eiweiß
1 TL Zitronensaft
175 g Puderzucker
30 Macadamianüsse

nach Belieben Blattgold,
Goldflitter o. Goldsternchen

**Zubereitung:**

Die Zutaten für den Teig miteinander verkneten und den Teig in Folie gewickelt für 1 Stunde in den Kühlschrank legen.
Danach den Teig auf einer bemehlten Arbeitsfläche ausrollen und 30 Kreise Von ca. 4 cm Durchmesser ausstechen. Auf ein mit Backpapier ausgelegtes Blech setzen und bei 160° C Umluft ca. 10 Minuten backen.
Die Kekse auskühlen lassen und den Backofen auf 100°C runterschalten.
Für die Baisermasse das Eiweiß sehr steif schlagen, Zitronensaft und Puder-zucker nach und nach unterrühren bis die Masse fest ist und spitzen zieht.
Die Masse nun in einen großen Spritzbeutel mit großer Lochtülle füllen.
Eine Macadamia in die Mitte eines jeden Kekses legen und die Baisermasse rundherum spritzen, so dass die Nuss nicht mehr zu sehen ist.
Die so entstandenen Schneehütchen im Backofen bei 100°C für 1 ½ Stunden trocknen lassen.

Nach dem Abkühlen noch mit Blattgold oder Ähnlichem verzieren und fertig sind die edel wirkenden Weihnachtsleckereien.

# Spekulatiuskugeln

Zutaten:

300 g Spekulatius
200 g Vollmilch-Kuvertüre
100 g Schlagsahne
1 Prise Zimt

75 g Puderzucker
25 g Backkakao
Etwas goldenes Glitzerpulver

Zubereitung:

Die Spekulatius fein mahlen. (Alternativ in einem Gefrierbeutel mit dem Nudelholz zu feinen Krümeln walzen)
Das Kekspulver in eine Schüssel geben und die Kuvertüre mit der heißen Sahne übergießen und rühren bis eine Ganache entstanden ist, die dann zu den Kekskrümeln mit der Prise Zimt gegeben wird.
Nun gut unterarbeiten und dann die Masse für ca. 30 Minuten kalt stellen.
So lassen sich die Kugeln anschließend besser formen.
Mit einem Teelöffel aus der kalten Masse Portionen abstechen und zu Kugeln rollen.
Diese dann in Puderzucker, Kakao oder Glitzer wälzen und in eine Pralinenkapsel legen.
 Man kann auch alle drei mischen und darin die Kugeln wälzen.
Gekühlt halten sich die Spekulatuiskugeln mindestens 2 Wochen.

# Dresdner Stollen

Zutaten:
1 kg Mehl
2 P.Trockenhefe
150 g Zucker
250 ml lauwarme Milch
1 TL Salz
500 g flüssige Butter
Schale von 2 Zitronen
2 Eigelb

200 g Sultaninen
125 g Korinthen
2 EL Rum
75 g Orangeat
75 g Zitronat
250 g Mandeln (gehackt)

100 g flüssige Butter
Puderzucker zu bestäuben

Zubereitung:

Mehl in eine große Rührschüssel sieben und eine Mulde eindrücken. Hefe, Zucker, Salz, Eigelb, Zitronenschale, Milch und flüssige Butter zu einem Teig verkneten und 30 min gehen lassen. Sultaninen und Korinthen mit dem Rum tränken (am besten schon ein bis zwei Tage vorher). Orangeat und Zitronat fein würfeln und mit den getränkten Sultaninen und Korinthen sowie den Mandeln unter den Teig kneten.
Oval ausrollen und einen Stollen formen. Auf ein gefettetes, gut bemehltes Backblech legen und 30 min gehen lassen.
Dann bei 190°C eine Stunde backen.

Noch heiß mit flüssiger Butter bestreichen und dick mit Puderzucker bestäuben.

Hinweis:  Man kann auch zwei kleinere Stollen daraus formen.
          (dann bitte die Backzeit verringern)

# Spekulatius Cheesecake mit Kirschtopping

Zutaten Boden:

250 g Spekulatius
120 g zerlassene Butter

Zutaten Kirschtopping:
1 Glas Sauerkirschen
1 P.Vanillepuddingpulver
1 EL Zucker

Zutaten Belag:

900 g Frischkäse
150 g Zucker
3 Eier
1 P.Vanillezucker
1 Prise Salz
1 P. Spekulatiusgewürz
1 P. Vanillepuddingpulver

Zubereitung:

Die Spekulatiuskekse fein mahlen und mit der zerlassenen Butter vermischen. Eine Springform gut einfetten und bemehlen und die Mischung für den Boden gut festdrücken. Für 10 min bei 180°C backen.

In der Zwischenzeit die Zutaten für den Belag lange cremig rühren. Je länger die Masse gerührt wird, umso cremiger wird der Cheesecake. ( 10 - 15 min)
Den gebackenen Keksboden handwarm abkühlen lassen. Dann die Form mit Alufolie von außen gut abdichten. Die Cheesecakefüllung vorsichtig auf den Keksboden geben und die Form auf ein tiefes, mit heißem Wasser gefülltes Backblech setzen.  Bei 160°C für eine gute Stunde backen.

Für das Kirschtopping den Saft der abgetropften Sauerkirschen mit dem angerührten Puddingpulver und dem Zucker unter ständigem Rühren kurz aufkochen.
Dann die Kirschen in das Gelee geben und vorsichtig unterheben.

Mindestens 30 min abkühlen lassen und auf den ausgekühlten Cheesecake geben, so dass ein gleichmäßiger Kirschspiegel entsteht.
Den Kuchen nun für 3 - 4 Stunden kalt stellen.

Hinweis:

Vor dem Servieren noch mit Sahnetupfen garnieren.
Wer mag, kann auch je einen Minispekulatius auf die Tupfen geben.

# Zimtschnecken

Zutaten Hefeteig:

500 g Mehl
 80 g Zucker
100 g Butter
1 Ei
1 P. Trockenhefe
 250 ml lauwarme Milch
 etwas Salz

Zutaten Füllung:

 80 g Butter
100 g Zucker
 2 EL Zimt
 1 Ei

Zubereitung:

Aus der weichen Butter, dem Zucker und dem Zimt eine streichfähige Zimtbutter bereiten.
Die Zutaten für den Hefeteig in eine Schüssel geben und gut verkneten.
Damit er schön aufgeht, sollte er bei Zimmertemperatur mindestens eine Stunde zugedeckt gehen.
Den Hefeteig in zwei Hälften teilen und 5mm dick ausrollen.
Mit der Zimtbutter dünn bestreichen.
Nun den Teig aufrollen und vorsichtig 1cm dicke Scheiben von der Rolle abschneiden und auf ein mit Backpapier belegtes Backblech legen.
Die Zimtschnecken nochmal 30 min gehen lassen und mit verquirltem Ei bestreichen.
Bei 200°C für 10 min goldgelb backen.

Hinweis:

Wer mag, kann den Hefeteig mit 1 TL gemahlenem Kardamom würzen.

# Inhaltsverzeichnis – alphabetisch